LEFEBVRE SAINT-OGAN

LA

QUESTION COLONIALE

ET

LA CRISE

PARIS

LÉOPOLD CERF, ÉDITEUR

13, RUE DE MÉDICIS, 13

1886

LA

QUESTION COLONIALE

ET

LA CRISE

LEFEBVRE SAINT-OGAN

LA

QUESTION COLONIALE

ET

LA CRISE

PARIS

LÉOPOLD CERF, ÉDITEUR

13, RUE DE MÉDICIS, 13

1886

LEFEBVRE SAINT-OGAN

LA
QUESTION COLONIALE
ET
LA CRISE

PARIS

LÉOPOLD CERF, ÉDITEUR

12, RUE DE MÉDICIS, 12

1885

Qu'une grande nation européenne doive avoir une politique coloniale, peu de gens le contestent aujourd'hui. Mais on distingue entre deux méthodes de colonisation : la méthode ancienne et la méthode scientifique. L'une consistait à acquérir avec beaucoup de dépenses en hommes et en argent des rivages lointains et à y construire à grands frais des ports, des routes et des villages. L'autre se borne à envoyer des négociants établir des comptoirs et ouvrir des maisons de commerce sur un point quelconque du globe, indépendamment de leur mère-patrie et sans que celle-ci leur doive autre chose que la protection de ses consuls.

L'objet des courtes pages qui suivent n'est pas de décider laquelle de ces méthodes est la meilleure. Je traite de la colonisation en général ou si l'on veut de l'émigration, considérée comme remède à la crise économique et sociale dont souffre notre pays.

I

L'organisation sociale du Moyen-Age assurait
l'immutabilité des sociétés en empêchant la
concurrence vitale. Elle maintenait une exacte
proportion entre la production et la consommation par les entraves qu'elle mettait à l'augmentation de l'une et de l'autre. Dans les villes,
arrêtée par des prohibitions de toutes sortes,
l'industrie est demeurée pendant plusieurs
siècles sans presque accomplir de progrès. Tout
membre d'un corps de métier étant tenu de
travailler de ses mains, un capitaliste ne
pouvait fonder les grandes manufactures qui
produisent par quantités. Dans les campagnes,
des douanes intérieures s'ajoutaient à la diffi-

culté des transports pour empêcher les habitants d'un territoire de cultiver plus de blé ou de nourrir plus de bétail qu'il n'en fallait pour leurs propres besoins. Un équilibre s'était établi partout entre la production et la population, qui toutes deux restaient à peu près stationnaires.

Cette harmonie a été rompue. La liberté des échanges a excité la production qui bientôt se trouva en excédant sur la population et cette surabondance de produits consommables ayant rendu l'existence plus facile, la population augmenta à son tour. C'est ainsi que l'augmentation des produits résultant de l'émancipation de l'agriculture, fit croître assez sensiblement la population française pendant les premières années qui suivirent la Révolution (1). Mais bientôt l'invention des machines donna une avance énorme à la production sur la population et amena les peuples industrieux à chercher au-delà de leurs frontières un débouché pour leurs produits. Ainsi s'établit entre les nations la concurrence vitale.

Au moment où s'accomplit ce profond changement économique, vers le commencement de ce siècle, les deux grandes nations qui devaient les premières en ressentir les effets, la France

(1) ROBERT. *De l'Influence de la Révolution française sur la population*, 1802.

et l'Angleterre, se trouvaient placées dans des conditions assez différentes. Le paysan français venait d'entrer en possession du sol et son énergie s'employait à lui demander par un labeur incessant plus qu'elle n'avait donné, sous l'autorité négligente du seigneur ou de l'abbé. En Angleterre, l'aristocratie gardait ses parcs et ses garennes. La culture y était parvenue d'ailleurs dès le xviii° siècle à une quasi perfection. Pendant que chez nous, la partie active de la nation envisageait surtout l'acquisition de la terre et la production agricole, les Anglais se tournaient vers l'industrie.

La production agricole a des limites; la production industrielle n'en a pas. Secondée par une législation commerciale intelligente et animée par un génie plus entreprenant, celle-ci se développa rapidement en Angleterre. Le peuple anglais qui avait atteint dès longtemps la limite de sa production agricole, vendit à ses voisins le surplus de sa production industrielle en échange du surplus de leur production agricole. Dès lors, la population, sollicitée par un constant excédant de subsistances, ne cessa pas de s'augmenter et la France, qui livrait en partie à l'Angleterre ce surplus de production, ne fut plus excitée à augmenter sa population (1). C'est ainsi

(1) Dès le xvi° siècle, la France vend aux Anglais l'excé-

que la France peuplée de 29 millions d'habitants en 1816 n'en compte encore que
36 millions tandis que l'Angleterre qui comp-
tait 16 millions à cette époque a aujourd'hui le
même nombre d'habitants que la France. Sa
population a plus que doublé en soixante-
dix ans pendant que la nôtre n'a pas même
augmenté d'un quart.

La Russie et l'Allemagne n'ont pas, il est
vrai, éprouvé ce résultat funeste, bien qu'elles
soient surtout des pays de production agricole.
Mais la Russie n'est pas arrivée à son maxi-
mum de production agricole et l'Allemagne
n'y est parvenue que depuis peu. Il s'y est
trouvé jusqu'en ces dernières années, malgré
les exportations, un excédant de produits
agricoles suffisant pour exciter la population.
Du reste, l'organisation sociale de ces deux
peuples, demeurée féodale, les a garantis

dant de sa production agricole. « Les Anglais, dit l'*Encyclo-
pédie*, essuyaient souvent de grandes chertés dont nous pro-
fitions par la liberté de commerce de nos grains sous le
règne de Henri IV et de Louis XIII et dans les premiers
temps du règne de Louis XIV. » Art. *Grain*. « Dans le court
espace du règne enfin tranquille de Henri IV, pendant
l'administration économe du duc de Sully, les Français, en
1597, eurent une abondante récolte ; ce qu'ils n'avaient pas
vu depuis qu'ils étaient nés. Aussitôt ils vendirent tout leur
blé aux étrangers qui n'avaient pas fait de si heureuses
moissons, ne doutant pas que l'année 1598 ne fût encore
meilleure que la précédente. » VOLTAIRE, *Dictionnaire philo-
sophique*, art. *Blé.*

contre les exigences d'une concurrence excessive et la part de subsistance de l'enfant à naître a été réservée sur l'excédant qu'ils ont exporté. Placés plus loin de l'Angleterre et hors de son ombre, ils n'ont pas comme la France été arrêtés dans leur croissance et subi la concurrence funeste de cette race anglo-saxonne, semblable à ces arbres aux racines voraces qui pompent autour d'eux les sucs nourriciers et dessèchent le sol.

Les causes si multiples de la disproportion entre l'augmentation de la population française et celle des autres Etats européens, peuvent être ramenées à cette cause unique, résultante de toutes les autres : la France a vendu son excédant de produits alimentaires en échange de produits manufacturés ou de capitaux. Les Anglais ont employé le produit de leur activité à augmenter leur bien-être et à élever plus commodément une nombreuse famille : les Français ont préféré se retrancher sur leur bien-être et diminuer leur famille en vue de l'épargne ou de jouissances de luxe (1).

(1) Il en a toujours été ainsi : « En France, au xɪᵛᵉ siècle, dit Hallam, les bourgeois et la noblesse inférieure n'étaient pour la plupart que des pauvres cachant leur misère sous une apparence de luxe ; tandis que les riches campagnards et les négociants anglais préféraient une alimentation généreuse qui les rendait énergiques et forts au plaisir d'habiter des maisons richement meublées et aux habitudes de l'élégance. » *(Histoire du Moyen-Age.)*

Depuis quelques années, il est vrai, la
France n'exporte plus guère de blé. Elle
en reçoit au contraire de divers pays : d'Amérique, de Russie, d'Australie, des Indes. Mais
cet excédant de subsistance est venu chez
nous brusquement et n'a pas été attiré
comme en Angleterre par une augmentation proportionnelle de la production industrielle et de la population. Le bon marché des
subsistances ne les a pas fait acheter en assez
grande abondance pour que la nourriture
d'une famille plus ou moins nombreuse pût
sembler chose indifférente et l'économie réalisée
sur le prix de subsistances, au lieu d'être
employée à l'achat d'une quantité supérieure
de ces subsistances, fut consacrée par les
Français non plus à l'épargne, il est vrai, mais
à l'acquisition d'une plus grande somme de
jouissances de luxe (1). Il faut remarquer aussi

(1) Indépendamment de l'influence de leur climat, les
Anglais doivent peut-être aux facilités de vie qu'ils trouvaient autrefois dans leur île, l'habitude d'une nourriture
copieuse. Sir John Fortescue a constaté que de son temps
ses compatriotes mangeaient plus de viande que les
Français. Mais au xiv⁰ siècle, la population totale de l'Angleterre n'excédait pas 2 millions 300.000 habitants et les
prairies nourrissaient un grand nombre d'animaux qui leur
offraient une alimentation plus que suffisante. Sir John
Fortescue attribue à la nourriture animale des Anglais leur
force et leur énergie supérieures dans la guerre de cent ans.
(De laudibus legum Angliœ.) Les Anglais aujourd'hui
encore se font une sorte de point d'honneur de manger

que les capitaux de la France étant le produit
de l'épargne, faite sur la vente ou le non-achat
d'excédants de produits agricoles, ne sont pas
renouvelables à mesure qu'ils seraient dépensés.

L'importation en France de produits consommables n'a eu jusqu'ici pour résultat que de
provoquer une crise dans l'agriculture. Elle
a arrêté l'accroissement de la richesse sans
favoriser l'accroissement de la population.

D'un autre côté, l'industrie française n'a
jamais été comptée que comme une source
secondaire de richesse pour le pays. Elle avait
fait une sorte d'accommodement avec l'industrie anglaise, laissant à celle-ci les gros béné-
fices et glanant dans les champs où les Anglais
avaient moissonné. Depuis quelques années
cependant, nos exportations industrielles
avaient augmenté et l'industrie française profi-
tant de la baisse des produits alimentaires,
allait peut-être en faire bénéficier la population, quand elle a été elle aussi frappée d'une
crise. Des peuples à qui elle vendait ses produits, l'Italie, l'Espagne, la Russie ont déve-
loppé leur industrie nationale et se passent de
plus en plus de ses importations. Les Etats-
Unis se sont mis à produire et alimentent la

plus de bœuf que nous et ils ont des chants nationaux
dans lesquels ils célèbrent pompeusement et sérieusement
le rosbif de la vieille Angleterre (*roast beef of old England*).

plupart de nos anciens débouchés de l'Amérique. L'Allemagne et l'Autriche ont fait une concurrence désastreuse à nos fabriques de sucre sur le marché de Londres. Les fabriques d'Elberfeld menacent les soieries de Lyon. En Orient, les chemins de fer ont mis les Autrichiens, les Allemands et les Anglais à même de nous remplacer. Enfin, cause plus immédiate encore de la crise, les commissionnaires allemands qui étaient en possession de tout notre commerce d'exportation, ont quitté la France depuis la guerre de 1870 et sont commissionnés désormais par leurs nationaux.

La situation est donc celle-ci : la France, dans la première partie du siècle s'est enrichie aux dépens de sa population ; mais aujourd'hui la source des profits qui l'ont enrichie est tarie et l'appauvrissement doit être aussi nuisible à sa population que l'a été son enrichissement. A si bas prix que soient le pain et la viande, l'ouvrier et le paysan voyant diminuer son salaire ou son gain, est détourné de peupler et si pendant quelques années de prospérité, on n'a pas eu d'enfants de peur qu'ils ne soient pas assez riches, on n'en aura pas non plus dans la crainte qu'ils ne soient pauvres.

Dans la préface de la *France Nouvelle,* Prévost-Paradol disait : « Je vais traiter la question si nous continuerons à être. » Les évènements qui se sont passés dans le domaine

politique et économique depuis la publication
de son livre ont rendu la question d'une actua-
lité plus pressante encore. Si nous ne nous
hâtons pas de la résoudre, bientôt il n'en sera
plus temps. Les races anglo-saxonnes et germaniques nous pressent de toutes parts. C'est
notre ancienne influence dans le monde, c'est
notre génie national, c'est notre existence qui
sont menacés.

Prévost-Paradol apercevait la France de
l'avenir comme une sorte de Grèce perdue au
milieu de l'immense empire romain, reconstitué
par les peuples germaniques. Ce rôle pourrait
peut-être consoler encore notre orgueil diminué ; mais il n'est pas sûr qu'il nous soit
donné de le remplir. Aucune autre civilisation
ne pouvait balancer l'ascendant de celle de la
Grèce dans le monde antique. La France de
Louis XIV, si elle avait perdu subitement toute
puissance politique, aurait été une Grèce sans
doute pour l'Angleterre et l'Allemagne alors
soumises à l'influence de nos lettres et de nos
arts. Mais aujourd'hui le génie des peuples du
nord s'est éveillé. Ils sont devenus jaloux de
leur originalité nationale ; ils ont une littérature, une langue policée, un goût particulier,
des arts empreints de leur caractère. Pour-
raient-ils consentir du reste à subir longtemps
la domination intellectuelle d'un peuple dont
le prestige politique s'est éclipsé ? Elysée Reclus

a dit que « les vraies colonies de la France sont les pays où se propagent ses idées, où se lisent ses livres, où se parle sa langue. » C'est vrai. Mais qui nous assure la possession durable de ces colonies ? Je veux que les idées de la France continuent à se propager dans le monde comme au XVIIIe siècle, combien de temps en sera-t-il encore ainsi ?

Il fut une époque où la littérature espagnole servait de modèle aux autres nations. On traduisait Lope de Vega dans toutes les langues et ses pièces étaient jouées à Naples, à Milan, à Bruxelles, à Vienne, à Munich. Nos écrivains imitaient les poëtes, les romanciers et les tragiques espagnols. On copiait les modes et les usages de Madrid. De France, d'Italie, d'Angleterre, d'Allemagne, on y envoyait les jeunes nobles pour se former aux manières et à la politesse castillanes. D'où vient qu'aujourd'hui on parle peu de l'Espagne ? Ses écrivains font toujours de bonnes comédies cependant, ses orateurs sont éloquents, la Castille a conservé sa fleur de galanterie chevaleresque... Encore la comparaison ne serait-elle pas juste si on l'appliquait à une France déchue. L'Espagne est séparée du reste du monde et son peuple est rebelle plus qu'aucun autre à l'influence étrangère. Elle a pu du moins conserver son génie national et sa langue dans toute leur intégrité. Un jour viendra pour elle — et il ne semble

pas éloigné — où sortant de son assoupissement, elle pourra reprendre sa place en
Europe et retrouver quelques rayons de son
ancienne gloire. Mais la France est sur le
chemin de tout le monde et Paris est un carrefour. Son peuple, au rebours de celui de
l'Espagne, a moins d'originalité qu'aucun autre
et sa passion innée de voir hommes et choses
se ressembler, l'entraîne à imiter ses voisins
quand il ne parvient pas à se faire imiter par
eux. Le génie national subsistera-t-il sans
s'altérer ? Ne s'amoindrira-t-il pas dans le cercle
de plus en plus étroit où il se mouvra ? Résistera-t-il au débordement des influences étrangères ?

Pouvons nous même prétendre avoir conservé
intactes jusqu'ici quelques unes des qualités
que la tradition nous accordait? Notre politesse est-elle restée sans mélange de la
rudesse américaine ? Notre gaité, notre facilité
de relations n'ont-elles subi aucune atteinte de
la froideur et de la réserve britanniques? Notre
langue n'a-t-elle pas un peu perdu de sa clarté
à vouloir traduire du Gœthe, du Shakspeare ou
de l'Edgar Poë ? Des mots anglais qu'on a
négligé de franciser — comme on francisait
autrefois les mots d'origine italienne ou espagnole, — ne se sont-ils pas glissés dans nos
journaux et dans la conversation courante ? Les
usages de notre aristocratie et de nos classes

riches, que l'Europe imitait naguère, ne sont-ils pas pour beaucoup empruntés au monde de l'avenue de Broadway ou de Pall-Mall. Enfin cette partie de notre industrie française à laquelle semblait promise une inaltérable prospérité, qui devait survivre aux guerres et aux catastrophes, les modes n'ont-elles pas trouvé en Angleterre et en Amérique, des rivales et parfois des modèles ?

Non, on ne peut même pas promettre à la France qu'elle restera tranquille entre ses frontières et maîtresse d'elle, sans subir l'action et le contact d'autrui. Le bureau de statistique de Genève a calculé qu'à la fin du siècle qui va bientôt commencer, notre pays n'aura encore que 50 millions de nationaux, — chiffre que l'Italie dépassera à cette époque,—alors que l'Angleterre et l'Allemagne auront atteint la première 145 millions de citoyens, la seconde 164 millions. Et le calcul est optimiste quand il suppose que la population française ira s'accroissant avec la même lenteur, puisqu'elle va tendre à décroître !... Pense-t-on maintenant que ces 145 millions d'Anglais et ces 164 millions d'Allemands, à l'étroit sur leur territoire, ne déborderont pas, — ne serait-ce que par infiltration — sur le notre peuplé seulement de 50 millions de Français. Les lois économiques établiront un niveau de population entre ces trois pays voisins et nos petits-fils auront à côté d'eux, sur la terre natale et dévorant leurs subsistances, des millions d'Anglais et des millions d'Allemands qui seront peut-être en majorité sur eux (1). En vain, on pourrait faire des lois pour faciliter la naturalisation de tous ces étrangers. En vain établirait - on une espèce de *Jus soli*. On ne naturaliserait ni les cœurs ni les langues. Caracalla quand il donnait la cité romaine à tout l'empire, n'avait devant lui que des races opprimées et humiliées dont l'ancienne nationalité était oubliée. Anglais et Allemands ne se laisseraient pas fondre dans la nation française. On ne saurait les dérober au puissant ascendant de leur patrie.

Quel est donc le remède à une si fâcheuse situation ? Comment conjurer un avenir si redoutable ? Le problème est double. Il faut à la fois augmenter notre population pour qu'elle soit en état de résister au débordement des races germaniques et exciter assez l'activité nationale pour que le rayonnement du génie français puisse lutter dans le monde contre les influences contraires.

(1) Il est juste de penser il est vrai que les populations anglaise et allemande ne continueront pas d'augmenter dans la même proportion pendant un siècle. Mais l'écart entre ces deux populations et la population française n'en sera pas moins énorme.

II

Sir John Fortescue a constaté la différence
de l'alimentation des Anglais et des Français
au Moyen-Age. La parcimonie des Français
pour leur nourriture est proverbiale en Angleterre et, dans les quartiers populaires de
Londres, il est acquis que nos compatriotes
vivent exclusivement de grenouilles comme
il est universellement admis en France que
le rosbif est l'unique nourriture anglaise.
De cette dissemblance dans le régime, il est
résulté une dissemblance dans le caractère national (1). Les Français devinrent plus patients

(1) « La principale différence entre le Français et l'Anglais,
c'est que le Français mange du pain et l'Anglais n'en mange
pas. » STENDHAL.

et plus endurants que les Anglais (1). L'Anglais fait des efforts ; le Français souffre. C'est le resumé de leur histoire au Moyen-Age.

La Révolution a éveillé chez nous un utile orgueil et un salutaire sentiment de la personnalité ; mais elle ne nous a pas assez armés cependant pour la dure bataille de la vie. Elle a cru avec le XVIIIᵉ siècle à la possibilité de créer une Salente. Son idéal était une société où tout serait prévu, réglé, réglementé, où chacun en naissant trouverait son pain assuré. Elle s'était flattée de supprimer de la vie la lutte et l'injustice. Erreur excusable à une époque où les peuples séparés par des barrières de toute sortes et par de grandes distances, étaient encore soustraits à la concurrence vitale et où l'implacable loi de la lutte pour l'existence n'était pas formulée.

Notre législation, il faut bien le reconnaître, n'est pas faite pour remédier au défaut du caractère national et fortifier sa faiblesse natu-

---

(1) Sir John Fortescue fait honneur à l'Angleterre d'avoir en un an sept fois plus de voleurs que la France. « Si un Anglais pauvre, dit-il avec orgueil, avait vu un riche qu'il eût pu dépouiller par force, il n'y aurait pas manqué. » (*De laudibus legum Angliæ*). « Les bandits de Sherwood sont les héros aimés du peuple », remarque Hallam. Les Anglais n'avaient pas tort peut-être de se réjouir de l'humeur indomptable de leur nation : « Veut on former un peuple *nombreux* et guerrier, *qui étende au loin son empire*, dit Machiavel, il faudra lui imprimer un caractère qui le rendra par la suite difficile à guider, « *Discours sur Tite-Live.*

relle. Une cause formelle du faible accroissement de notre population et de notre manque
d'esprit d'entreprise, c'est notre régime succes-
soral. Tout le monde est d'accord pour l'indi-
quer. Les fils assurés de jouir un jour, malgré
l'indignité de leur vie, de la richesse créée par
leur auteur ne songent point à aller chercher
fortune ailleurs. Ils attendent patiemment l'hé-
ritage sinon dans l'oisiveté, du moins dans
quelque travail facile, dans quelque emploi
surnuméraire et parasite. Il leur suffit de
satisfaire à la maxime qu'il faut qu'un jeune
homme s'occupe. Cependant le père de famille
rempli de l'idée que la fortune de ses enfants
dépend uniquement de lui, ne veut pas que
cette fortune s'amoindrisse en se partageant
entre beaucoup de mains. Il en résulte que
notre jeunesse est à la fois peu nombreuse
et peu active. C'est une des raisons pour
lesquelles la population française double en
quatre siècles tandis que la population des
Etats-Unis double en vingt-huit ans. C'est une
des raisons aussi pour lesquelles nous n'avons
que des émigrants infimes, dénués de ressources et de relations tandis que les jeunes
gens anglais et allemands, instruits, riches,
fils, neveux ou correspondants de maisons
commerciales, ne craignent point de quitter leur
patrie et l'Europe ; pour lesquelles on voit
dans les rades de l'Indo-Chine et d'Amérique

nos rares navires de commerce français trop faibles d'échantillons et de tonnage, se balancer de longs mois sur leurs ancres, attendant un fret qui ne vient pas et dévorés par les frais généraux, tandis que d'immenses clippers venus de New-York, de Liverpool, de Brême, de Hambourg trouvent à leur arrivée des correspondants empressés qui ont déjà assuré le placement de leurs marchandises et leur ont trouvé par avance un fret de retour...

Quel est le remède à un si facheux état de choses? La solution unique à une crise qui menace la France non-seulement dans sa richesse, mais jusque dans sa vie même, serait précisément que la population française augmentât pour absorber une plus grande partie des produits de notre industrie et aussi que cette population eut assez d'activité, d'intelligence et d'esprit d'entreprise pour porter à l'étranger le rayonnement national et imposer comme autrefois au monde la consommation de nos produits.

Comment résoudre ce problème ? C'est que je vais examiner brièvement dans les pages suivantes.

III

Les chambres de commerce française ne se
dissimulent pas le mal que cause à notre
exportation la répugnance de la jeunesse française à s'expatrier : « Il serait avantageux pour
la France, dit celle de Bordeaux, qu'une foule
de jeunes gens inoccupés voulussent bien se
fixer dans des pays étrangers. Avant 1789, les
familles les plus honorables consentaient à se
fixer au loin pour améliorer leur situation. Les
cadets de famille cherchaient aux colonies la
fortune. »

« Aux Etats-Unis, pays très démocratique,
existe la liberté testamentaire, ajoute le même
rapport ; il en résulte qu'une famille ne se
croit jamais riche, que les enfants ne pouvant
compter d'une manière certaine sur les biens

du père, songent de bonne heure à se créer une position indépendante. » La chambre de Paris dit de son côté : « Un jeune Français de famille aisée compte sur la fortune que lui laissera son père, un jeune Anglais ne compte que sur lui pour se créer un avenir (1). »

Notre législation sur les successions présente un autre inconvénient encore au point de vue de l'expansion nationale. Non seulement elle arrête la population et l'émigration ; mais elle est nuisible aux établissements coloniaux des Français. Les grandes entreprises dans les pays lointains ont besoin d'un lendemain assuré et ne sauraient se trouver sans cesse à la merci d'une licitation judiciaire qu'un décès imprévu peut amener. « On ne peut, dit M. Poitou-Duplessy, tenter des entreprises de longue haleine, quand il suffit d'un décès, non seulement celui du chef de famille, mais même celui de la femme commune en biens, et laissant des mineurs, pour amener la ruine et la destruction de tout l'édifice industriel et commercial (2). »

______

(1) « L'Anglais, dit M. Taine, ne voit rien de mieux qu'être confié de bonne heure à lui-même, épouser une femme *sans fortune, avoir beaucoup d'enfants,* beaucoup travailler pour suffire à toutes les charges qu'il s'impose avec joie, *dépenser son revenu,* mettre ses enfants dans la nécessité de travailler de même, en un mot, considérer la vie comme une lutte perpétuelle. »

(2) Bulletin de la Société internationale des études pratiqué d'Economie sociale, bull. IX, session de 1884-1885.

Malgré ses graves défauts tant de fois signalés et dont je ne parle ici que pour mémoire, la France continue d'être fort attachée à son régime de succession. Elle le considère comme la base de sa démocratie. C'est à tort selon moi. Les Américains, ainsi que le rappelle la chambre de commerce de Bordeaux, pratiquent la liberté de testament et n'en sont pas moins de fort bons démocrates.

« La démocratie, dit M. d'Ussel, ne paraît pas directement intéressée à prendre parti pour l'un ou pour l'autre de ces systèmes. Si le principe de la liberté est mieux sauvegardé dans le citoyen par une législation qui lui permet de disposer librement de ses biens, si l'homme investi de ce droit est un propriétaire, donc un être social plus complet, le principe d'égalité paraît mieux satisfait du régime qui impose le partage égal du patrimoine entre les enfants d'un même père. L'égalité ainsi obtenue ne dure, il est vrai, qu'un instant. La conduite, les alliances, les circonstances, font presque tout de suite après le partage changer la situation des copartageants, et l'inévitable inégalité ne tarde pas à se montrer. Mais il y a eu réalisation de l'égalité dans une opération où elle était possible, hommage rendu au principe dirigeant de la société. Le système présente toutefois un caractère aristocratique. Il crée à l'enfant un droit issu de sa naissance qui fait du père une sorte d'usufruitier de sa propre fortune, du fils un héritier substitué à l'abri de l'exhérédation. L'enfant est grandi de tout ce dont le père est diminué (1). »

Ainsi donc même au point de vue des principes, auxquels je ne pense pas d'ailleurs qu'on doive sacrifier les colonies, notre législation successorale n'est pas irréprochable. Elle offre un caractère peu conforme au Droit moderne par le privilège qu'elle donne à la naissance sur le travail. Le fils d'un homme qui s'est enrichi par son labeur et son intelligence reçoit du fait de la loi une sorte de supériorité sur son père (2).

Pour parler plus pratiquement, disons que le partage forcé à eu sa raison d'être au moment où il a été établi dans le Code. Il avait pour mission de briser l'aristocratie et de constituer la petite propriété. Son œuvre est aujourd'hui achevée et la France nouvelle est fondée. Il ne peut désormais qu'être nuisible. Regardons autour de nous les nations qui croissent et qui prospèrent. Le liberté testamentaire existe partout : absolue aux Etats-Unis et en Angleterre ; avec quelques restrictions, en Prusse, en Au-

(1) *La Démocratie et ses conditions morales.*

(2) Il n'y a pas très loin de ' là au mot si féodal de Richard Ier qui, le jour de son couronnement, servi par son père Henri Plantagenet, devenu roi d'Angleterre, disait : « Le fils d'un comte peut bien servir le fils d'un roi. »

triche, en Italie, aux Pays-Bas (1). Le temps
est proche, j'en ai l'espérance, où notre pays
se désabusera d'une erreur sociale si funeste.
Déjà en 1869, un projet de loi reconnaissant au
père de famille la faculté d'attribuer à un de
ses enfants l'intégralité d'un bien immeuble
sous la condition d'une soulte à payer aux
frères et sœurs, fut sur le point d'être présenté
au Corps législatif.

Le grand malheur de la liberté testamentaire,
c'est le préjugé national qui en fait un des arti-
cles du programme réactionnaire. Elle n'ap-
partient en propre à aucun parti politique et
n'a rien d'incompatible avec une démocratie
républicaine, ainsi que le prouve l'exemple de
l'Amérique. Il ne faut pas se lasser de le
répéter. Enfin si notre régime actuel de succession est une institution de notre Révolution, il
est permis de la modifier — du moins dans une
certaine mesure — sans déranger l'ordre social
qu'elle a établi. Ç'a été en quelque sorte une
mesure martiale à laquelle la Révolution a eu
recours contre ses ennemis et que par je ne sais
quelle superstition, on maintient en vigueur longtemps après une victoire sans retour possible.

(1) La Chambre de Commerce de Bordeaux demande pour
le père de famille la liberté entière comme en Amérique
« parce que, dit-elle, cette incertitude intentionnelle met
ses enfants dans l'obligation morale de se créer une situation
pour assurer leur indépendance. »

IV

Le partage forcé n'est pas notre seul mal
et à supposer qu'il y soit promptement avisé,
une ou deux générations devraient se succéder
avant que les premiers effets du remède se
fissent sentir. Quelques-unes des autres causes
qui entravent la population pourraient être
plus facilement supprimées.

Je ne cite qu'en passant le luxe et notre
goût pour les plaisirs de la vanité. Ils ont
créé, il est vrai, la plupart de nos besoins
artificiels, si funestes à la famille ; mais
on leur doit aussi les plus brillantes qualités de l'esprit français. D'ailleurs ce sont
là des traits essentiels du caractère national
et l'on se fâcherait en vain contre eux. L'histoire de nos mœurs prouve qu'ils ne résul-

tent pas, comme on se le persuade quelquefois, de l'égalité proclamée par la Révolution. L'égalité est bien plutôt leur conséquence qu'ils ne sont la sienne.

L'influence de la femme est aussi peu favorable à la population. La place importante qu'elle occupe dans les différentes classes de la société française ne la dispose pas à accepter avec autant de résignation qu'une Anglaise ou une Allemande, les charges de maternités multipliées. En revanche, elle est souvent le conseil et la collaboratrice de son mari. Un changement qui nous priverait de la femme de France n'est peut-être pas à désirer.

La difficulté des mariages doit être comptée parmi les obstacles qui retardent l'augmentation de notre population. Alors que nos mœurs devenues moins simples et moins familières tiennent les deux sexes plus éloignés l'un de l'autre qu'en aucun pays d'Occident, il faut encore que nos lois viennent mettre entre eux des obstacles inutiles. Pourquoi ces retards et ces formalités ? Ils vont contre le vœu de la nature. Schopenhauer définit l'amour un piège que la nature tend à l'homme pour assurer la conversation de l'espèce. Le mot est cru ; mais il est vrai. Or, que fait le Code ? Il avertit l'homme du piège. — Prends garde lui dit-il. Ne t'engage pas à la légère. Réfléchis et consulte... A force de se voir représenter le mariage comme une chose grave à laquelle il fallait mûrement réfléchir, beaucoup de Français ont fini par n'y plus songer du tout et l'ont remplacé par l'union libre. Or, la plupart des unions libres sont infécondes.

Là encore la législateur n'a vu que l'intérêt du particulier et ne s'est pas aperçu que l'intérêt de l'Etat et de la Société étaient conformes à l'intérêt de la nature. Mais pouvait-il prévoir quelle révolution économique allait se produire en un demi-sièle ? La France avait d'ailleurs une avance de population considérable sur les pays qui l'entouraient. Nombre de politiques de la Révolution se persuadaient même qu'elle était trop peuplée et qu'elle était surchargée du poids de ses habitants. La loi de nivôse an VII qui surimposait les célibataires mâles a été inspirée plutôt par des considérations morales que par le désir d'augmenter la population.

Les manœuvres abortives et parfois les infanticides trouvent trop souvent en France des juges et des jurés indulgents. Il n'en sera plus ainsi le jour où on aura pénétré l'esprit de la nation de cette vérité que la dépopulation est notre plus grand mal social et que ces crimes sont des attentats contre la Patrie.

Le Congrès international de la protection de

l'enfance demandait l'an dernier que dans les pays où la loi ne permet pas à la fille-mère de contraindre son séducteur à contribuer à la dépense de l'enfant, les mesures nécessaires soient prises pour lui assurer le secret en cas d'abondon de l'enfant au bureau de l'hospice dépositaire et que des maternités soient établies où elles puissent faire leurs couches, sans crainte d'être connues.

Malgré la jurisprudence établie depuis quelques temps et qui tend à considérer la séduction comme un quasi-délit en permettant à la victime d'ouvrir une action en dommages-intérêts, l'adoption de ces mesures s'impose en France.

Enfin, il serait possible de diminuer la mortalité de la première enfance. La loi Roussel devra être appliquée sérieusement. Dans le Calvados, la mortalité des enfants est descendue à 4 $\%$ et si elle descendait partout à 10 $\%$ seulement, comme dans les départements où la loi est observée, il en résulterait un bénéfice de 150.000 existences pour la nation.

On a recherché un moyen d'exciter à la population par des mesures législatives, destinées à l'encourager. C'est à tort, je crois, que l'on n'a pas pas voulu admettre leur efficacité. Nous en avons une preuve dans notre histoire. Il existe un édit de Louis XIV daté de 1666 et qui porte en termes exprès : « Nous voulons que tout père de famille qui aura dix enfants vivants, nés en loyal ménage, non prêtres, religieux ou religieuses (l'exception est remarquable) soit et demeure exempt de toute collecte, de toute imposition, contribution, guets, gardes et autres charges publiques. » Cet édit fut appliqué pendant dix-sept ans et on attribue en partie à ses effets la vigueur avec laquelle la France a pu résister si longtemps à l'énorme consommation d'hommes des guerres contre la ligue d'Augsbourg et de la succession.

M. Bernard a présenté à la Chambre des Députés, pendant la dernière législature, un projet de loi tendant à ce que tout père de famille de sept enfants put en faire élever un aux frais de la nation. C'est du reste le retour à une loi de l'an xii. Mais cette mesure fort coûteuse ne semble pas devoir produire des effets appréciables. Les pères ayant sept enfants en bénéficieront au grand préjudice du budget ; mais je n'imagine pas qu'aucun homme soit entraîné à augmenter sa famille de deux ou trois enfants, en vue d'un avantage aussi lointain. A t-on calculé les frais énormes qu'entraîneront pour l'Etat et pour les communes l'éducation d'un enfant pauvre, à qui il faudra fournir souvent jusqu'à son trousseau et qu'on aura à entretenir parfois jusqu'après son baccalauréat, à l'école militaire ou à la faculté ? Car le père de famille voudra épuiser son droit et il laissera son fils au collège le plus longtemps qu'il pourra. Il ne manquera pas de réclamer pour lui des études littéraires et l'Etat ou la commune, à moins d'être forcés de s'avouer qu'ils ont doté la société d'un fruit sec de plus, devront en conscience ouvrir à leur protégé l'accès d'une carrière...

M. Raoul Frary a suggéré dans le *Péril National* une idée qui me semble meilleure. Elle n'a d'autre tort que d'être présentée avec trop de timidité par l'éminent écrivain. Il propose d'allouer une pension annuelle assez considérable, cent francs par exemple, pour tout enfant âgé de moins de quinze ans, au-dessus de trois enfants. « On ferait ainsi, dit-il, monter rapidement le chiffre des naissances dans les contrées où la vie est simple et peu coûteuse, où la race est bonne. » Ce supplément de cent francs qui serait compté pour rien dans les pays riches, semblerait énorme dans les régions pauvres et serait même un excitant à la population plus puissant que le dégrèvement de Louis XIV. Ce serait là en effet un bénéfice palpable et immédiat pour le père de famille. Le projet de M. Raoul Frary présenterait encore cet avantage de nous procurer précisément l'élément de population dont nous avons le plus besoin ; de bons ouvriers pour les champs, de hardis matelots, de durs soldats, des colons entreprenants. Car, plus la famille est pauvre et nombreuse, plus l'éducation est rude, et plus par conséquent les enfants sont robustes, énergiques et hardis.

Resterait à créer des ressources ? Mais on en trouve bien pour tant d'autres services. Il n'en est pas de plus nécessaire que celui-là. Il y aurait un pire malheur pour la France que de n'avoir plus de flotte ni d'armée ; ce serait de n'avoir plus de Français.

On pourrait par exemple revenir à l'impôt sur les célibataires. S'il a peu de valeur comme encouragement au mariage et à la paternité, il peut être du moins une bonne mesure fiscale. L'article 21 de la loi de nivôse est ainsi conçu : « Les loyers d'habitation des célibataires sont surchargés de moitié de leur valeur. Ainsi, un loyer de 600 francs est porté à 900 francs. »

Il est bien juste quand on récuse les charges de la société, d'aider à indemniser ceux qui les supportent.

V

Les Français, dit-on, ne sont pas colonisateurs. Le prestige de leur pays est trop grand à leurs yeux pour qu'ils se résignent à s'expatrier. On pourra peut-être augmenter la population ; on ne parviendra pas à provoquer l'émigration.

Il ne semble pas cependant que l'esprit d'aventure et le goût des entreprises lointaines, premières qualités d'une nation colonisatrice, doivent faire défaut à une nation qui tire son origine des Gaulois, des Francs et des Normands, les races les plus aventureuses, les plus entreprenantes et les plus voyageuses de l'antiquité et du moyen-âge. Quel autre peuple a fondé des établissements comme le royaume de Jérusalem et de Constantinople, la principauté de Morée, le grand comté de Sicile ? Et ce n'est pas seulement la noblesse franque et normande qui s'en va ainsi chercher fortune sous des étoiles inconnues. Les fils des Gallo-Romains, bourgeois, artisans et manants, marchent devant eux au hasard, à la découverte, poussés par l'attrait de l'inconnu et du danger. Un cordelier flamand rencontra dans le fond de la Tartarie une femme de Metz, nommée Paquette, qui avait été élevée en Hongrie, un orfèvre parisien dont le frère était établi à Paris, sur le Grand-Pont, un jeune homme des environs de Rouen qui s'était trouvé à la prise de Belgrade. Un chantre du nom de Robert parcourt l'Asie centrale et retourne mourir dans la cathédrale de Chartres. Un professeur de théologie de Paris devient archevêque de Pékin (1). Les cathédrales du Nord sont construites par des ouvriers français.

En Suède, en Danemarck, les orfèvres, sculpteurs en bois et en ivoire, peintres, armuriers, monnayeurs, sont français (2). En Espagne, on trouve dans les bibliothèques publiques, un certain nombre d'anciennes chartres sur lesquelles figurent des noms français avec les mots : *fueros francos.* C'étaient des privilèges

---

(1) Voir notre *Essai sur l'Influence française.*

(2) Id.

accordés aux Français qui venaient s'établir sur le territoire espagnol.

Dès 1365, des colonies, au sens moderne du mot, sont fondées par les Dieppois au Sénégal et dans la Guinée. Les Canaries, retrouvées en 1330 par des Français, sont soumises en 1402 par un gentilhomme cauchois Jean de Bethencourt. Au xvie siècle, malgré les guerres de religion qui désolent le royaume, les Français font des tentatives commerciales dans les Indes, découvrent le Canada, prennent possession de Terre-Neuve, s'établissent au cap Breton et à Rio-Janeiro.

Mais sans remonter si loin pour prouver notre aptitude à coloniser, on n'a qu'à se rappeler ce que furent la Martinique, Saint-Domingue et la Guadeloupe sous le ministère de Choiseul, ce que Labourdonnais a fait dans les îles de France et de Bourbon; ce que Dupleix a fait à Pondichéry. La Compagnie des Indes sous son administration possédait 17 vaisseaux de ligne, 25 frégates et 750 navires. Jusqu'au milieu du siècle dernier, la France fut la plus grande puissance coloniale du monde et l'Espagne seule pouvait lui disputer la prédominance.

Du reste, les plus grands hommes d'Etat qu'ait eus la France et ceux qui ont le mieux connu les ressources du caractère national, ont été partisans des colonies, François Ier, le cardinal d'Amboise, Charles VIII qui avait appelé Christophe Colomb, Henri IV qui envoie Samuel Champlain au Canada ; Richelieu qui pensait que notre nation ne devait être en rien inférieure à aucune autre ; Colbert, Choiseul, Vergennes, Turgot, Napoléon Ier.

La plus grande puissance coloniale du monde avec l'Espagne jusqu'au xviiie siècle (1), la France a perdu ses colonies par des circonstances indépendantes du caractère national. Louis XV n'a pas su comprendre combien étaient sages ceux qui avec Fleury, lui conseillaient le maintien de la paix en Europe. La maison d'Autriche en effet était désormais abaissée et un Bourbon régnait à Madrid. Le royaume n'était environné que de petits états qui ne pouvaient lui inspirer aucune crainte et la cour de France pouvait reprendre s'il lui plaisait le rôle de modératrice de l'Europe que lui avait donné le traité de Westphalie. Sur le continent, Louis XV n'avait qu'à conserver les positions acquises et toute son attention eut dû se concentrer sur les colonies.

Si telle eut été sa politique, il ne lui eut pas été difficile de triompher de la compétition de

---

(1) Au commencement du xviiie siècle, nous possédions toute l'Amérique du Nord jusqu'au Mexique, sur l'Océan, et jusqu'à la Californie sur le Pacifique, sauf une bande de terre assez étroite.

l'Angleterre au Canada comme aux Indes ; mais
il s'engagea dans une campagne incohérente
et folle au profit du roi de Prusse d'abord,
puis à celui de l'Autriche, pendant qu'il lais-
sait Dupleix livré aux seules ressources de son
génie pour lutter contre la flotte et l'armée qui
l'assiégeaient. C'est par la faute de Louis XV
seul que la France a perdu son empire colonial.

Louis XVI comprenait mieux l'importance
des colonies. Il se détourna des questions
européennes, pour s'appliquer uniquement à
combattre la suprématie qu'avait prise l'Angleterre depuis quelques années. Il avait
détruit sa domination en Amérique et rétabli
en partie l'influence française dans l'Inde,
quand les guerres de la Révolution et de l'Empire absorbèrent toutes les forces du pays sur
le Continent.

Nos malheureux colons passés sous le joug
étranger à cette époque ont su montrer au
contraire la force de résistance de leur race et
ne se sont pas laissés absorber par l'élément
étranger. Il y avait en 1761, 70.000 Français
au Canada ; il y en avait 695.945 en 1851 (1).

____

(1) Un travail de M. Gauldrée-Boilleau, consul général de
France à New-York, apprend que les colons normands du
Bas-Canada conservent à un degré extraordinaire la fécondité et la force d'expansion. Sous ces deux rapports,
ils l'emportent même sur les Anglo-Saxons qui coloni-
sant concurremment avec eux le bassin du Saint-Laurent.

Aux Etats - Unis , la population française occupe encore le troisième rang après l'Angleterre et l'Allemagne.

Il se peut, dit-on, que les Français aient été des colonisateurs ; mais l'expérience quotidienne prouve qu'ils ont perdu cette qualité. On ne voit plus guère partir de notre pays ces jeunes aventuriers ardents et vigoureux pour aller fonder au loin une France nouvelle. Ceux de nos concitoyens qui passent à l'étranger n'y font pas grande figure, sans relations, sans amis, sans liens entre eux et n'y exerçant que des métiers intimes : cuisiniers, coiffeurs, petits détaillants, acteurs, marchandes de modes, etc.

Il résulte seulement de ce fait que l'organisation sociale en France et les circonstances, depuis le commencement du siècle, ont été défavorables à l'émigration. C'est ce qu'on ne saurait contester. Si la nation ne présente plus comme autrefois dans toutes les classes ce trop plein de jeunesse, prête à s'élancer vers l'inconnu, ce n'est pas parce que la race a perdu de sa sève et de sa fécondité ; il ne faut s'en prendre qu'à la législation et aux mœurs.

Tout l'effort de la lutte pour l'existence s'est concentré pour les Français à l'intérieur de leur pays. Nos paysans n'ont eu en vue qu'une seule colonie depuis la Révolution : c'étaient les terres du château. Qu'avaient - ils besoin

de s'en aller défricher au loin, quand ils acqué-
raient parcelle par parcelle le domaine de leur
seigneur. D'autres, moins attachés au sol, dé-
laissaient le clocher natal. Mais il n'était pour
eux qu'un Eldorado unique. C'était Paris. Il
suffisait à leur esprit d'aventure. N'a t'on pas
dit de Paris que la Providence y est plus
grande qu'ailleurs. La vanité nationale y trou-
vait son compte, il lui semblait juste que ce
fût aux étrangers de venir à Paris, pour acheter
les merveilles de notre génie et de notre goût ;
non à nous de les leur porter (1).

Aujourd'hui le paysan a achevé la conquête
de la terre ; et du reste la culture a cessé d'en
être aussi rémunératrice que par le passé ; les
étrangers viennent toujours à Paris ; mais c'est
en touristes seulement comme ils vont en
Suisse et en Italie. Ils achètent ailleurs ou
fabriquent chez eux beaucoup de produits
qu'ils demandaient exclusivement à Paris.

Ainsi a pris fin une période pendant laquelle
rien n'a excité les Français à l'émigration.

(1) Une doctrine économique s'était fondée, qui se
réjouissait du peu de goût des Français pour l'émigration.
C'était la même qui les félicitait du lent accroissement de
leur population. Les Chinoises aussi s'énorgueillissent de
ne pouvoir marcher.

VI

La nécessité de s'expatrier qui s'impose
désormais à une partie de la jeunesse française
ne suffirait peut-être pas à déterminer un courant d'émigration ; mais un gouvernement pré-
voyant saurait le préparer et l'exciter.

L'éducation nationale peut inculquer le goût
des entreprises coloniales dans l'esprit des
générations qui s'élèvent et préparer les Français à lutter contre leurs concurrents sur le
marché du monde.

On a indiqué à juste titre parmi les causes
qui ont empêché le mouvement de la Renaissance de partir de France au commencement
du XVIe siècle, le fait que notre pays s'était
attardé dans la scolastique (1). L'Université

(1) Gebhart, *Les origines de la Renaissance en Italie.*

maintenait dans son enseignement les méthodes du passé et vingt mille étudiants se pré-
paraient à la vie en s'exerçant aux arguments
cornus dans le royaume nébuleux de la Quinte-
Essence, gymnastique merveilleuse pour en-
gourdir les esprits et leur faire perdre la vue
des réalités.

> Jamais je n'entre en paradis
> S'il ne m'ont perdu ma jeunesse

soupirait Marot, en pensant aux « regens du
temps jadis. »

Il me semble qu'on pourrait faire un repro-
che analogue à notre éducation française
actuelle. Elle non plus n'a guère modifié sa
méthode et s'est peu souciée de l'approprier à
des besoins nouveaux. Nos plans d'études sont
restés les mêmes qu'à l'époque de la grande
querelle des Oratoriens et des Jésuites.

Notre éducation nationale présente deux
défauts : les études littéraires sont suivies par
un trop grand nombre de jeunes gens et ces
études trop longues et trop absorbantes ne
laissent pas assez de temps pour la formation
du caractère et le développement physique.

Quel est le premier intérêt d'un pays ?
C'est de pourvoir à ses besoins matériels.
Quelle est donc la portion de ses citoyens qui
lui est le plus utile ? Celle qui augmente sa
richesse par le commerce et l'industrie. Or, il

est constant que les études littéraires, non seulement ne donnent pas les connaissances nécessaires au commerçant et à l'industriel, mais encore qu'elles exercent sur l'esprit et le caractère une influence qni les rend peu propres à ces professions.

« Cela ne fait jamais de mal » disent les bonnes gens qui ambitionnent pour leurs fils les gloires du baccalauréat. Si, cela fait du mal ; leur latin les empêchera neuf fois sur dix d'être des commerçants ou des industriels et de savoir gagner leur vie, autrement que dans une profession parasitaire.

J'aime le latin. J'admire ses savantes périodes et son énergique concision. Mais je crois qu'il y a une chose plus utile à la France que d'inculquer cet amour et cette admiration à mes jeunes compatriotes : c'est de leur apprendre tout ce qui peut servir aux progrès de notre commerce extérieur, tout ce qui peut donner de l'impulsion et de l'extension à nos échanges internationaux, les langues étrangères, telles que l'anglais et l'espagnol, à l'aide desquels un commerçant peut se faire entendre du monde entier, l'étude des matières premières, la géographie commerciale, les usages du commerce et son code, les applications de la comptabilité au commerce, à la banque et à l'industrie, les changes et arbitrages, la mécanique appliquée aux besoins du commerce,

au matériel des ports de commerce, des chemins de fer et des docks, la technologie,
l'économie politique. Je le reconnais, il
est triste d'ignorer Cicéron, Tacite et Vir-
gile ; mais Dante, Calderon, Machiavel,
Shakspeare sont de grands écrivains aussi
et plus d'un lettré se résigne à ne les
connaître que de nom. Qu'en vertu de la tradition, le latin reste au premier rang des langues historiques ; que les richesses de sa littérature lui conservent les préférences des
philosophes et des littérateurs, j'en tombe d'accord ; mais n'est-ce pas une étrange erreur que
de vouer à une étude de luxe, la plus grande
portion de notre jeunesse. Allons d'abord au
plus pressé, assurons la conservation du patrimoine national ; nous songerons ensuite à l'em-
bellir. Il est beau d'être une nation artistique
et littéraire ; mais il faut vivre avant tout.
Primùm vivere, deinde philosophari. Avoir
des écrivains et pas de commerçants, ce serait pour employer une comparaison de M. de
Bismarck, ressembler à ces nobles polonais
qui ont des pelisses de martre zibeline et pas
de chemise.

Mais, m'objecte-t-on, vous voulez violenter
le génie national. La France est un pays épris
des belles-lettres, d'éloquence et d'art. Vous
n'en ferez point une nation commerçante.
Croit-on que ce qu'on appelle le génie natio-

nal soit la résultante des seuls penchants na-
turels de la majorité des Français ? La culture
propre des esprits, la direction particulière qui
leur est donnée ne doivent-ils pas être comp-
tées parmi ses éléments constitutifs. Suppo-
sons que depuis la Révolution française seulement notre instruction publique ait été chan-
gée, que la Convention eut créé comme elle
le voulait, une école industrielle et commerciale par département, que nos collèges com-
munaux eussent renoncé à l'enseignement du
latin, croit-on, à supposer d'ailleurs des conditions économiques favorables, que le génie
de la nation ne serait pas plus ouvert qu'il
ne l'est aujourd'hui au commerce et à l'industrie ?

On m'objecte encore que les préjugés des
familles résisteront longtemps aux efforts de
l'Etat pour détourner la masse de la jeunesse
française des études purement littéraires et
l'entraîner vers les études commerciales. Il
suffirait de rendre les études littéraires plus
coûteuses en transformant les lycées de second
ordre et les collèges en écoles commerciales
et en supprimant l'internat dans les grands
lycées.

Voilà qui est bien peu démocratique et égalitaire ! s'écrie-t-on. Et pourquoi ? Ce qui est
selon moi peu démocratique et peu égalitaire,
c'est de conserver l'ancienne dénomination

d'études et de professions libérales ; c'est de croire qu'un homme qui a appris le latin et exerce la profession d'avocat est supérieur d'un degré dans la hiérarchie sociale à celui qui sait l'anglais et fait la commission. Egalisons les métiers et les professions; n'égalisons pas les aptitudes. Nous aurons ainsi accordé le principe social de l'égalité avec le principe économique de la division du travail.

L'Etat et les Conseils municipaux accordent des bourses dans les lycées et dans les collèges avec une imprévoyante facilité. L'enfant pauvre, quand il ne révèle pas les aptitudes d'un Pic de la Mirandole, ne devrait recevoir aux frais du public qu'une éducation pratique, commerciale et industrielle. Quand la nation ou la ville supportent la dépense de l'instruction et de l'entretien d'un enfant, ce n'est pas un don qu'ils lui font ; c'est un prêt. Elles comptent le mettre en position de les rémunérer un jour par ses services. Or, dans la plupart des cas, c'est dans le commerce et l'industrie seulement que cet enfant, devenu homme, pourra rendre des services au pays. Notre époque demande des commerçants ; on continue à élever des latinistes comme au temps du collège Saint-Thomas du Louvre, où le monde n'avait besoin que de théologiens... Heureux quand le pupille de l'Etat ou de la municipalité n'est qu'un inutile !...

On ignore donc encore que donner une éducation littéraire, c'est-à-dire de luxe, à un jeune homme sans fortune, sans famille, sans appui dans la vie, c'est, à moins qu'il n'ait un talent hors de pair, faire à lui-même et à la société un présent funeste. Il mérite en vérité qu'on lui pardonne, l'humaniste révolté de Jules Vallès qui se venge contre l'ordre social des aspirations inassouvies qu'on lui a données... Il peut dire comme l'ange rebelle de Milton à ceux qui ont appelé son intelligence à la lumière : — Créateur, t'ai-je demandé de me tirer de mon argile pour me faire homme ? T'ai-je sollicité de me tirer du néant!... Contradiction singulière. Les mêmes gens qui, pour assurer la conservation sociale, excitent à l'épargne et par conséquent à la dépopulation, élèvent à grands frais des chefs pour l'émeute et des idéologues pour l'anarchie (1). Pendant qu'avec leur économie politique au jour le jour, ils empêchent de naître assez d'ouvriers pour suffire aux besoins du travail national (2),

(1) « Ainsi qu'un corps qui aurait des yeux à toutes ses parties serait monstrueux, de même le serait un Etat, si tous ses sujets étaient savants » disait Richelieu et il considérait qu' « à un peuple bien réglé il faut plus de maîtres ès-arts mécaniques que de maîtres ès-arts libéraux. » *Testament politique.*

(2) Puisque ce sont des Italiens qui creusent nos ports et qui construisent nos chemins de fer, des Belges qui font nos moissons et des Allemands qui remplissent nos usines.

ils créent des bacheliers plus qu'il n'en faut
pour les carrières appelées libérales...

Le second défaut de notre éducation française, c'est de ne prendre souci que de la culture de l'esprit et de ne pas assez s'occuper de
la formation du caractère ni du développement
de la force physique. L'excès de travail intellec-
tuel est nuisible à l'intelligence elle-même :
« Tout le monde est d'accord, écrivait récem-
ment M. Von Hartmann dans la *Gegenwart*,
pour reconnaître que dix heures de travail
manuel sont déjà trop pour un ouvrier, et l'on
n'hésite pas à demander dix heures de travail
de tête à de jeunes cerveaux encore mal for-
més ! L'Etat réglemente sérieusement le travail des enfants dans les manufactures, et il
permet que des enfants ayant passé la journée
en classe rapportent à la maison pour trois
heures ou trois heures et demie de devoirs à
faire ! L'expérience montre journellement qu'en
diminuant la durée des heures de travail, on a
des élèves plus forts. En Allemagne, la *Real-
schule* a plus d'heures de classe et donne plus
de devoirs à faire à la maison que le gymnase :
or, il est établi que les élèves des gymnases
sont plus forts que ceux des Realschulen. »
La subjection de l'esprit au corps est une
doctrine idéaliste du Moyen-Age qu'on pouvait
pratiquer sans trop d'inconvénient avec les fils
de barbares, qui bataillaient à l'université de

Paris. On la retrouve dans les romans comiques espagnols, où les maîtres d'école ne nourrissent pas leurs élèves afin d'émanciper leur intelligence. Ce n'est point par la fougue ni l'exubérance de santé que pêche notre jeunesse française.

On a commencé depuis une vingtaine d'années à s'occuper du développement physique de nos enfants; mais je ne sache pas qu'on ait encore songé à la formation de leur caractère non plus qu'à l'appropriation de leur esprit aux besoins de la vie moderne.

Il faut la force corporelle pour s'expatrier, pour pouvoir supporter l'épreuve d'un climat nouveau et d'un changement de régime ; il faut avoir aussi celle du cœur pour quitter ses affections et ses habitudes, pour s'accommoder d'une vie nouvelle, pour conserver sur une terre lointaine, au milieu d'étrangers souvent hostiles, la bonne humeur et la confiance. L'homme fort est dans son pays partout, dit le poëte, partout il est chez lui.

Omne solum forti patria est, ut piscibus æquor.

Au point de vue de la formation du caractère de l'enfant et de son initiation aux luttes de l'existence, la méthode d'éducation anglaise est admirable. A Eton, à Harrow, à Rugby, à Charterhouse , l'écolier se gouverne et se réprime lui-même ; il se défend seul contre

les attaqués et les empiètements de ses cama-
rades, forme des ligues, contracte des alliances,
s'essaie sur une petite échelle aux combats
de la vie réelle. On trouve dans l'école les
rivalités des partis, le conflit des opinions et
les manifestations publiques.

C'est ainsi qu'on conserve l'énergie du caractère national en Angleterre et qu'on déve-
loppe l'esprit d'entreprise.

Chez nous, au contraire, on soumet nos
collégiens au régime de la caserne, avec ses
rigueurs brutales et son uniformité inintelli-
gente. On s'attache à tuer chez eux toute
initiative, toute volonté, toute idée propre. Pendant dix mois de l'année, pas une action de
leur vie qui ne soit commandée par la cloche
ou le tambour... Et si d'aventure, il se trouve
chez un enfant quelque velléité de personnalité,
ses maîtres n'ont pas de repos qu'ils ne l'aient
supprimée à coups de pensums (1). Etouffer
le sentiment du *Moi* chez les Français, n'est-ce
pas les bien disposer à lutter contre l'égoïsme
anglo-saxon !... On a dit de l'alliance de la
France et de l'Angleterre qu'elle était aussi

----

(1) A ce régime absurde de l'internat « succède tout à coup
remarque M. Duplessy-Poitou, la liberté absolue, que ne
tempère plus le respect dû à une autorité paternelle qui n'a
jamais existé. » *Rapport à la Société internationale des
études pratiques d'économie sociale*. En Angleterre, dit
M. Taine, l'écolier est plus libre et l'étudiant moins libre que
chez nous.

utile pour l'humanité que celle de l'homme et du cheval ; mais que par malheur, l'Angleterre était le cavalier et la France, le cheval... Notre éducation nous apprend à être un cheval docile.

Nos éducateurs français ont une excuse. Ils n'ont jamais ouï parler du *struggle for life* entre les peuples et ils continuent d'élever nos jeunes Français comme si rien n'était changé dans le monde depuis Louis XIV et Napoléon, pour en faire des académiciens, des gens d'esprit et des fonctionnaires, des fonctionnaires surtout.

La réduction des fonctions publiques qui surchargent la nation — si on se décidait jamais à l'opérer — serait l'adjuvant d'une réforme de notre méthode d'enseignement. Notre jeunesse française se déciderait à chercher l'emploi de ses facultés ailleurs que dans un ministère ou une administration, si on lui retirait l'espoir d'y entrer. Elle se tournerait vers des occupations plus productives et plus utiles. On a remarqué autrefois que l'exclusion d'une caste des emplois publics avait été favorable au commerce et à l'industrie. Telle fut la raison de l'activité commerciale des Juifs et de l'essor pris par l'industrie des protestants français au XVIIe siècle. « Quand nos manufactures ont-elles réellement prospéré, enrichi le royaume et fourni l'Europe, écrivait Dupont de Nemours, dans sa lettre à la Chambre de Commerce de

Normandie (1). C'était lorsque les protestants, depuis le dernier siège de la Rochelle, n'ayant de ressources que l'industrie et le commerce y ont appliqué leurs efforts et leurs capitaux. » En restreignant le plus qu'il sera possible les emplois publics, on obtiendra un résultat analogue (2). La jeunesse française n'aura plus rien à attendre que du commerce et de l'industrie.

Ces réformes dans l'éducation et dans la direction des esprits pourront nous donner de bons émigrants pour l'avenir ; mais le temps presse; le marché du monde nous échappe tous les jours davantage. Dans quelques années, il nous

(1) 1788

(2) Nos gouvernements songent surtout à s'attacher la France. De là la multiplicité des fonctionnaires. Ne vaudrait-il pas mieux attacher le monde à la France? Beaucoup d'argent dépensé pour les fonctionnaires à l'intérieur pourrait être employé à entretenir des agents français à l'étranger, à en augmenter le nombre, à leur assurer un traitement plus convenable qui leur permit d'exercer une influence plus utile. De toutes petites villes de province ont des hôtels somptueux pour loger un sous-préfet et dans de grandes villes d'Europe et d'Amérique, le représentant de la France, quand il s'y en trouve un, habite au fond d'une rue obscure, dans un appartement étroit. Les habitants d'un arrondissement français savent bien que la France est une grande nation et le bâtiment de leur sous-préfecture ne leur apprend rien par sa magnificence ; il importe davantage que les étrangers ne lisent pas le grand nom de la France au-dessus d'une humble porte et que nos nationaux émigrants n'aient pas le cœur serré quand ils aperçoivent leur drapeau.

faudra de plus grands efforts pour reconquérir le terrain perdu. Il importe donc de provoquer dès à présent un courant d'émigration.

Il a été proposé à la dernière législature, lors de la discussion de la loi sur le recrutement militaire, que les jeunes gens qui résideraient dans nos colonies, soient dispensés du service militaire. On pourrait, il me semble, s'inspirer de cette proposition et exempter du service militaire les jeunes Français, non fonctionnaires publics, qui iraient passer les années pendant lesquelles ils devraient être présents sous les drapeaux, soit dans une colonie française, soit dans une des régions hors d'Europe, qui seraient désignées par le gouvernement et où l'on jugerait utile de conduire un courant d'émigration (1).

Beaucoup de pères de familles préféreraient pour leurs fils des voyages et des séjours à l'étranger, plus profitables à leur instruction et même à la formation de leur caractère, que la vie de caserne. Nous nous habituerions ainsi à savoir nous séparer de nos enfants et à ne plus redouter les grands déplacements. En même temps, la France s'assurerait une pépinière de jeunes hommes actifs et entreprenants, connaissant les pays étrangers, leur langue, leurs mœurs et leur commerce.

____

(1) Leur présence serait attestée par les consuls.

La défense nationale ne serait pas du reste privée de leur secours. Ils resteraient soumis pour les périodes d'exercices qui suivent le passage dans l'armée active, aux obligations des hommes de leur classe. La France n'aurait pas en eux des soldats moins déterminés ni moins dévoués que dans ceux qui auraient déjà passé par la caserne. C'est à l'étranger surtout qu'on apprend à aimer sa patrie. Ils apporteraient à son service un amour plus ardent, une âme mieux trempée et des bras plus vigoureux.

Telles sont les principales mesures qui pourraient favoriser l'émigration. J'ai l'espoir que le jour n'est pas loin où quelques-unes d'entre elles seront étudiées sérieusement. La nécessité les imposera. Il n'est pas en effet d'autre solution à la crise dont souffre notre pays. Dégrever les impôts, à supposer que ce fut possible, en changer l'assiette, améliorer nos méthodes de fabrication, perfectionner notre outillage, abaisser les tarifs de transports ne sont que des palliatifs insuffisants contre la concurrence étrangère.

FIN

Compiègne. — Imprimerie A. MENNECIER et Cie.

LIBRAIRIE LÉOPOLD CERF

13, RUE DE MÉDICIS, PARIS

LEFEBVRE SAINT-OGAN. — **Essai sur l'influence française**, 2ᵉ édition, in–18 . . . . 3 fr. 50

Raoul FRARY. — **Le Péril National**, 6ᵉ édition. (Ouvrage couronné par l'Académie française), in–18. 3 fr. 50

— **Manuel du Démagogue**, 2ᵉ édition, in–18 . . . . 3 fr. 50

— **La Question du Latin**, in–18 . . . . 3 fr. 50

GANNERON. — **L'amiral Courbet**, d'après les papiers de la marine et de la famille, in–18 . . . . 3 fr. 50

G. HANOTAUX. — **Henri Martin, sa Vie, ses Œuvres, son Temps**, in–18 . . . . 3 fr. 50

A. CHUQUET. — **Chanzy** (1823–1883). (Ouvrage couronné par l'Académie française), 3ᵉ édition, in–18 .. 3 fr. 50

Emile NEUCASTEL. — **Gambetta, sa Vie, ses Idées Politiques**, in–18 . . . . 3 fr. 50

PETIT DE JULLEVILLE. — **Les Comédiens français au moyen âge**, in–18 . . . . 3 fr. 50

A. LEMARQUIS. — **La Littérature anglaise au XVIIIᵉ siècle**, par T. S. Perry, traduit et adapté de l'anglais, in–18 . . . . 3 fr. 50

H. GAIDOZ et P. SÉBILLOT. — **Le Blason populaire de la France**, in–18 . . . . 3 fr. 50

P. SÉBILLOT. — **Contes des provinces de France**, in–18 . . . 3 fr. 50

L. DUSSIEUX. — **Lettres intimes de Henri IV**, introduction et notes par L. Dussieux, in–18 . . . . 3 fr. 50

LITTRÉ. — **Auguste Comte et la Philosophie Positive**, in–8º 8 fr. »»

— **De l'Etablissement de la Troisième République**, in–8º 9 fr. »»

— **Conservation, Révolution et Positivisme**, in–12 . . . . . 5 fr. »»

CHASSANG. — **Remarques sur la Langue Françoyse**, par Vaugelas, nouvelle édition (ouvrage couronné par l'Académie française). 2 forts volumes, in–8º . . . . 15 fr. »»

H. MAZE. — **La lutte contre la Misère**, in–18 . . . . 2 fr. »»

Em. PERSON. — **La Deffense et Illustration de la Langue Françoyse**, par Joachim du Bellay, in–8º . . . . 5 fr. »»

PIGEONNEAU. — **Histoire du Commerce de la France**, 1ʳᵉ partie. Depuis les origines jusqu'à la fin du XVᵉ siècle, (Ouvrage ayant obtenu un prix Gobert), in–8º avec carte. 7 fr. 50

HIPPEAU. — **Le Théâtre à Rome**, in–8º . . . . 5 fr. »»

L. FONTAINE. — **Le Théâtre et la Philosophie au XVIIIᵉ siècle**, in–8º . . . . 5 fr. »»

Léon GELEY. — **Fancan et la Politique de Richelieu** (de 1617 à 1627), in–8º . . . . 6 fr. »»

A. TAPHANEL. — **Le Théâtre de Saint-Cyr**, d'après les documents inédits, in–8º . . . . 7 fr. 50

A. SAVINE. — **L'Atlantide de Mossen Jacinto Verdaguer**, traduction, in–12 . . . . 4 fr. »»

Camille SÉE — **Lycées et Collèges de Jeunes Filles**, in–8º de 580 pages . . . . 10 fr. »»

L'École Normale (1810–1883), in–8º . . . . 12 fr. »»

Mémorial de l'Association des anciens Elèves de l'Ecole Normale Supérieure (1846–1876), in–8º de 521 pages . . . . 7 fr. 50

A. SARRADIN. — **Eustache des Champs**, in–18 . . . . 5 fr. »»

Léonce PERSON. — **Histoire du Venceslas de Rotrou**, in–16 . . 3 fr. »»

— **Histoire du véritable Saint-Genest de Rotrou**, in–18 .. 3 fr. »»

L. AUGÉ. — **Routes et étapes**, 1 vol. in–8º jésus . . . . 20 fr. »»

H. COCHERIS. — **Dictionnaire des anciens noms des communes du département de Seine-et-Oise**, in–8º, avec carte coloriée . . . . . 3 fr. »»

G. DESJARDINS. — **Tableau de la Guerre des Allemands dans le Département de Seine-et-Oise** (1870–1871), in–8º . . . . 3 fr. »»

E. DESFORGES. — **Le Château de Saint-Germain en Laye**, in–8º . . . . 5 fr. »»

Compiègne. — Imprimerie A. MENNECIER et Cie, 17, rue des Petites-Ecuries.

195